BewusstSein

Kirsten Jebsen
2017

Bibliografische Information der Deutschen Nationalbibliothek: Die Deutsche Nationalbibliothek verzeichnet diese Publikation in der Deutschen Nationalbibliografie; detaillierte bibliografische Daten sind im Internet über http://dnb.dnb.de abrufbar.

© 2017 Kirsten Jebsen
www.kirstenjebsen.de
www.4ps-for-peace.com

Zeichnungen: Kirsten Jebsen
Cover / Layout: Joß Krebs
Lektorat: Rebecca Weißleder

Herstellung u. Verlag:
BoD – Books on Demand, Norderstedt
ISBN-Nummer: 978-3-7448-8330-6

BewusstSein

Kirsten Jebsen
2017

Inhalt

Gedanken

Herzlich Willkommen, liebe Leserin und lieber Leser, was können Sie tun, um leichter und glücklicher zu leben?
Die klare Antwort lautet: Indem Sie Ihr BewusstSein trainieren.
Sie möchten wissen, wie das geht?

Nun, zuerst einmal geht es darum, sich seiner selbst bewusst zu sein. Das bedeutet zum Beispiel, sich zu fragen: „Welche Gedanken denke ich gerade in diesem Moment?"

Das mag banal klingen, doch wenn wir ganz genau darauf achten, stellen wir vielleicht fest, wie sehr wir von unseren Gedanken bestimmt werden. Und dass gar nicht unbedingt wir diejenigen sind, die bewusst einen Gedanken denken, sondern dass wir teilweise sogar geflutet werden - von unseren Gedanken.

Welchen Gedanken
möchte ich wirklich denken?

Und das bereitet vielen Menschen oftmals Kopfzerbrechen, wenn sie dermaßen stark in ihrem Kopf verhaftet sind.

So habe ich vor vielen Jahren angefangen, meine Gedanken zu hinterfragen. Ich lernte, sie aus der Sicht des Beobachters wie Wolken am Himmel zu betrachten.
Dabei nehme ich eine Gedankenwolke an und frage mich: „Was denke ich jetzt gerade in diesem Moment? Möchte ich diesen Gedanken denken? Möchte ich das wirklich?"

Und sehr oft stelle ich dann fest: „Nein, dieser Gedanke tut mir überhaupt nicht gut. Im Gegenteil, er zieht mich herunter!" Meine nächste, sehr entscheidende Frage ist dann: „Welchen Gedanken möchte ich stattdessen lieber denken?"

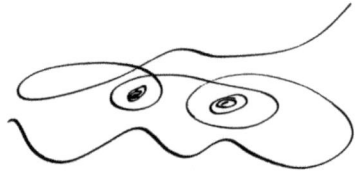

Ich bin der Beobachter
meiner Gedanken,
ich bin nicht meine Gedanken

Das ist schon eine Form von Bewusst-Sein, indem ich mir bewusst bin: Ich bin der Beobachter meiner Gedanken; ich bin nicht meine Gedanken.

Wir Menschen sind größtenteils so konditioniert - das ist unser Strickmuster -, dass wir uns sehr schnell mit unseren Gedanken identifizieren.
Das bedeutet, dass die Gedanken, die wir noch nicht einmal bewusst denken, einen großen Raum in uns einnehmen.

Sind wir nicht wirklich achtsam und bewusst, haben diese Gedanken sogar auch die Macht, uns glauben zu lassen, wir wären diese Gedanken.

Ich bin kraftvoll

Erkennen und merken wir, wie kraftvoll wir Menschen sind, können wir üben, wie bei einem Muskeltraining, wirklich bewusst darauf zu achten: „Was denke ich und will ich das denken?

Nein, will ich nicht!" - also schicke ich diesen Gedanken weg und wandle ihn um in einen anderen Gedanken, der mir weitaus besser bekommt.

Ich lebe bewusst jetzt

Jetzt

Ein weiterer Aspekt von BewusstSein ist die bewusst gelebte Gegenwärtigkeit. Das heißt zum Beispiel, dass wir immer nur dann gestresst sind, wenn wir nicht im Hier und Jetzt sind.

Im bewussten Hier und Jetzt sind wir entspannt und konzentriert bei der Sache, die wir gerade erledigen.
Der Stress fängt jedoch an, wenn wir der Meinung sind, dass wir da, wo wir jetzt gerade sind, nicht richtig sind. „Ich müsste jetzt woanders sein, noch dieses und jenes tun, nachher muss ich noch das und das erledigen usw…"

Dann sind wir nicht mehr im Hier und Jetzt, sondern in der Vergangenheit oder Zukunft und fühlen uns deshalb häufig zerstreut.
Das kostet uns enorm viel Energie und setzt uns unter einen kolossalen Druck, was zum Beispiel auch zu einem Bluthochdruck oder zum burn out führen kann.

Diesen jetzigen Moment
nehme ich bewusst wahr
und genieße ihn

Wenn wir Menschen ständig das Gefühl haben, dass wir da, wo wir jetzt sind, nicht am richtigen Ort sind, und dass wir eigentlich woanders sein müssten, laufen wir gefühlt der Zeit hinterher. Das ist natürlich so nicht der Fall und doch haben wir dieses Empfinden und fühlen uns dermaßen gehetzt und gestresst, dass wir damit unserer Gesundheit schaden.

Was kann ich tun? Ich kann mich daran erinnern: „Jetzt! Jetzt gerade in diesem Moment nehme ich den Becher mit Kaffee in die Hand, jetzt nehme ich den ersten Schluck, jetzt schlucke ich diesen Kaffee herunter. Ich nehme ihn bewusst wahr, so wie er sich anfühlt und wie er schmeckt."

Ich komme ins Fühlen

Fühlen

Dabei kommen wir Menschen ins Fühlen, was sehr wichtig ist.
Die meisten sind sehr stark in ihrem Kopf und identifizieren sich mit ihrem Denken.

Je stärker wir jedoch ins Fühlen kommen, umso leichter können wir auch das Hier und Jetzt wahrnehmen.
Und das ist wunderschön. Dann kommt automatisch die Entspannung dazu und wir fangen an, das Leben wieder bewusster zu genießen, was so unendlich wertvoll ist.

Ob es nun eine Tasse Kaffee ist oder ein Naturerlebnis, wir nehmen in dem Moment bewusst wahr: „Ah, da ist ein Vogel und er fliegt nun gerade von einem Ast zum nächsten."

Ich denke nicht,
ich fühle

Wenn wir das einmal bewusst praktizieren, stellen wir fest, dass wir in dem Moment keinen Gedanken denken. Stattdessen nehmen wir etwas bewusst wahr und fühlen damit in uns einen wundervollen tiefen Frieden.

Es ist wichtig, wieder ins Fühlen zu kommen. Doch wir Menschen sind so konditioniert, dass wir sehr stark in unserem Kopf sind.

Von daher ist es sehr heilsam, für jeden einzelnen Menschen und letztendlich für den Rest der Welt, wenn wir ins Fühlen kommen.

Das bedeutet in erster Linie, wieder ein Gefühl für sich selbst zu bekommen. Und das gelingt am leichtesten, indem wir anfangen, ganz simple Dinge zu hinterfragen.

Was macht es mit mir?
Möchte ich das wirklich?

So können wir uns zum Beispiel die Frage stellen: „Wie fühlt sich das, was ich jetzt gerade esse, an? Vermittelt es meinem Körper ein gutes Gefühl oder habe ich vielleicht sogar hinterher Magen- und Darmprobleme?

Wie fühlt sich dieses Getränk an, das ich jetzt gerade trinke? Was macht es mit mir?"

Es geht wirklich darum, wieder ein Gespür für sich selbst zu bekommen. Und nicht zu sagen: „Das habe ich schon immer so gemacht, alle anderen machen es ebenso und so ist das nun einmal!", sondern zu fühlen:
„Was macht es mit mir? Möchte ich das wirklich?"

Ich gehe achtsam mit mir und anderen um

Und wie gesagt, es geht nicht darum, die Frage dem Verstand zu stellen, sondern es in sich selbst herauszufinden, indem wir ins Fühlen kommen.

Und wenn wir wieder sehr achtsam und feinfühlig mit uns umgehen, gehen wir automatisch auch mit unserem Partner, mit Kindern und Tieren, unseren Nachbarn, der Natur und dem Rest der Welt viel achtsamer und liebevoller um.
Das ist einfach so.

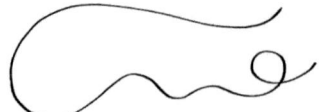

Ich übernehme
Eigenverantwortung

Respektvoller Umgang

Wenn ich mich jedoch selbst respektlos behandle, ist die Wahrscheinlichkeit sehr groß, dass mich auch andere Menschen ebenso respektlos behandeln.

Von daher darf ich wirklich anfangen, und meiner Meinung nach dürfen die Menschen insgesamt wieder damit beginnen, mehr Eigenverantwortung zu übernehmen.

Auch können wir uns daran erinnern, dass jeder Mensch einzigartig ist.

Ich finde, wenn die Schöpfung es anders gewollt hätte, hätte sie uns doch gleich klonen können. Schauen wir uns jedoch um, stellen wir fest, dass jeder Mensch anders aussieht.

**Ich bin es mir wert,
dass es mir gut geht**

Jeder Mensch drückt sich in seiner Ausdrucksform so aus, wie er sich ausdrückt und das in absoluter Vollkommenheit.
Und auch dies ist etwas sehr, sehr Schönes.

Nun geht es darum, wieder den Wert für sich selbst zu erkennen und zu sagen:
„Ich bin es mir wert, dass es mir gut geht und dass ich mich gut behandle.

Ich möchte mich körperlich wohl fühlen und deshalb ernähre ich mich mit gesunder Nahrung.

Ich bewege meinen Körper, damit er schön beweglich bleibt und genauso wichtig ist mir auch die geistige Ernährung.

Mit welchen Informationen nähre ich mich?

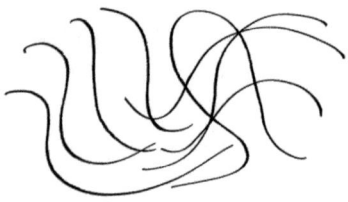

Von jetzt an schaue ich bewusst hin, mit welchen Informationen ich mich nähre.

Welche Fernsehsendungen schaue ich mir an und welche Informationen entnehme ich aus den Zeitungen und Zeitschriften?

Was machen sie mit mir? Wie fühle ich mich dabei?"

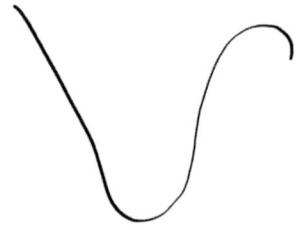

Wenn es mir schlecht geht,
dient es niemandem

Informationen

Das sind alles Informationen, die etwas mit meinem Bewusstsein machen.
Und dann darf ich mich auch fragen:
„Wie fühlt es sich an, wenn ich regelmäßig mehrmals am Tag irgendwelche Nachrichten im Radio höre, von irgendwelchen Katastrophen irgendwo auf dieser Welt?"

Wenn die Menschen sich daraufhin im Kollektiv schlecht fühlen und vielleicht sogar auch noch leiden, dient das niemandem.

Das dient niemandem auf dieser Welt, im Gegenteil, es schadet uns, denn es entsteht eine Schwingungsfrequenz, die so niedrig ist, weil sich viele Menschen auf einmal gleichgeschaltet heruntergezogen fühlen.

Ich entscheide mich
für aufbauende Informationen

Und da wir auf dieser Erde alle energetisch miteinander verbunden sind, trägt diese heruntergezogene Schwingungsfrequenz sogar dazu bei, dass es den Menschen in den Krisengebieten noch schlechter geht.

Von daher ist es absolut wichtig, sehr achtsam zu sein und genau hinzuspüren, mit welchen Informationen ich mich nähre, geistig und auch körperlich.

Mitzuleiden hilft niemandem

Mitleid

Mitleid bedeutet, dass ich mit anderen leide.
Und wenn andere Menschen leiden - und ich möchte auch die Tiere und Pflanzen mit einbeziehen -, wenn also andere Lebewesen leiden und wir auch noch mitleiden, verstärkt sich das Leid.
Das ist so.

Es liegt daran, dass letztendlich alles Energie ist und unser empfundenes Leid energetisch auch noch zusätzlich in die Krisengebiete geschickt wird.

Das hilft den Lebewesen dort mit Sicherheit nicht.

Ich fühle mit anderen Lebewesen
und schicke ihnen Liebe

Mitgefühl

Wichtig jedoch ist das Mitgefühl.

Wenn ich mitfühle und sage: „Ich spüre eine tiefe Liebe für die Lebewesen, die dort nun diese Erfahrungen machen und deshalb schicke ich ihnen jetzt ganz viel Licht und Liebe.
Ich weiß, dass wir alle gleich sind, dass wir alle von demselben Ursprung kommen und ich möchte von Herzen, dass es den Lebewesen dort jetzt wieder besser geht."

Dann schicke ich ihnen meine Liebe aus tiefstem Herzen auf einer hohen Schwingungsfrequenz.

Und wenn viele Menschen so agieren, trägt es definitiv dazu bei, dass sich auch für die Lebewesen in den Krisengebieten wieder neue Situationen ergeben, die für sie sehr hilfreich sein können.

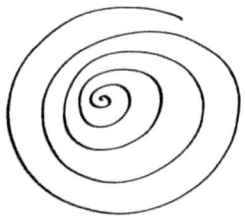

Ich bin mit allem
energetisch verbunden

Auch, wenn wir es nicht in der Schule gelernt haben, wir alle sind energetisch miteinander verbunden und von daher ist Mitgefühl sehr, sehr wichtig.

Mitleid jedoch ist destruktiv.

Nun kann die Frage aufkommen, warum es für uns so schwer umsetzbar ist?

**Ich achte auf
eine positive Wortwahl**

Konditionierung

Wir empfinden es deshalb als schwierig, weil wir Menschen anders konditioniert sind.
Unser Strickmuster ist eher negativ besetzt, was bedeutet, dass wir in unserem Sprachgebrauch eher die Destruktivität anwenden.

Ein Beispiel: Ich bedanke mich bei einem Menschen und er sagt: „Kein Problem!"
Und ich frage mich daraufhin: „Hallo? Wieso jetzt Problem? Ich sah bis dato gar kein Problem.
In dem Moment jedoch, in dem plötzlich das Problem im Raum steht, ist es schon da.
Und ich hatte mich vorher einfach nur bedankt."
Daran können wir sehen, dass derjenige, der so etwas sagt, aus seiner Unbewusstheit handelt.

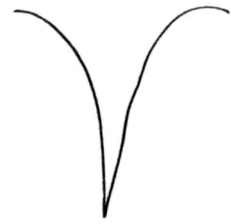

Ich bleibe bei mir
und agiere bewusst

Er sagt es einfach, weil alle anderen es auch so sagen.

Und das ist Massenbewusstsein, d.h. ich habe vergessen, dass ich ein Individuum bin.

Ich bin nicht mehr wirklich bei mir und agiere aus der Situation heraus, so, wie ich es aus tiefstem Herzen möchte, sondern - ich sag es jetzt einmal so - ich plappere irgendetwas nach, was die anderen Menschen um mich herum auch so von sich geben.
Ob das nun Sinn macht oder nicht.

Ich lebe bewusst

Massenbewusstsein

Massenbewusstsein bedeutet, wie der Name schon sagt, dass die Masse in einem bestimmten Bewusstsein ist.

Wenn die Masse in einem sehr hohen Bewusstsein ist, ist alles wunderbar. Dann würde unsere Welt mit Sicherheit anders aussehen als jetzt - davon gehe ich einmal aus.

Das bedeutet also, achtsam zu sein, zu beobachten und sich zu fragen:
„Was denkt die Masse im Allgemeinen und wie lebt die Masse?"

Das hört sich jetzt vielleicht etwas provokant an, darf es auch sein. Denn ich spreche ja jetzt gezielt jeden einzelnen Leser an. Und jeder Einzelne trägt seinen Teil zur Masse bei.

Was gebe ich mit
meinen Gedanken, Worten,
Gefühlen und Handlungen
in die Welt?

Und je bewusster jeder einzelne Mensch ist, umso größer ist dann auch das Bewusstsein in der Masse.

Nun kann man sich natürlich fragen, wofür ist das denn gut und ist das notwendig?

In dem Wort notwendig steckt, dass die Not gewendet werden möchte. Und meiner Meinung nach gibt es sehr viel Not in unserer Welt.

Ich behaupte einmal, dass es daran liegt, dass sich der größte Teil der Menschheit noch nicht so sehr darüber bewusst ist, was er mit seinen Worten, Gedanken, Handlungen und mit seinen Gefühlen in diese Welt gibt.

Was kann ich tun,
damit es in meiner und unserer
Welt besser aussieht?

Denn das ist etwas, was wir in der Schule nicht gelernt haben. Wir lernen sehr viel in der Schule. Auch da dürfen wir uns fragen, wieviel davon wir wirklich für das Leben brauchen.

Und das Elementare, wie wir Menschen miteinander achtsam und liebevoll umgehen, wie wir mit der Natur und den Tieren respektvoll und liebevoll sind, das kommt meiner Meinung nach in dem Schulunterricht und in den Medien noch zu kurz.

Doch nun bin ich nicht dafür, auf andere zu schimpfen und zu sagen, andere könnten es besser machen.

Nein, ich darf anfangen, wieder in die Eigenverantwortung zu gehen und zu erkennen:

„Was kann ich tun, damit ich dazu beitragen kann, dass es in meiner und letztendlich in unserer Welt besser aussieht?"

Welche uralten Glaubenssätze habe ich?

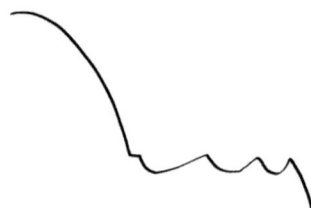

Was kann jeder Einzelne dazu beitragen?

Es geht zum Beispiel darum, dass jeder Mensch die Glaubenssätze, die er in sich hat, hinterfragt.

Glaubenssätze sind Sätze, an die wir bisher geglaubt haben.
Auch das mag im ersten Moment sehr banal klingen, doch wenn wir erst einmal mit der Hinterfragung beginnen, erkennen wir schnell, wie destruktiv das ist, woran wir bisher glaubten.

Ich behandle mich selber
nicht länger schlecht.
Ab jetzt gehe ich achtsam
mit mir um.

Glaubenssatz

Wenn ich zum Beispiel bisher den Glaubenssatz in mir hatte: „Ein Indianerherz kennt keinen Schmerz!" und deshalb permanent über meine Gefühle hinwegstieg oder vielleicht sogar auf ihnen herumtrampelte, trug es dazu bei, dass ich nicht wirklich achtsam und liebevoll mit mir selbst umging.

Dies kann bedeuten, dass ich mich nicht wirklich fühlen konnte, dass ich mich selbst sogar schlecht behandelte, ohne es bewusst wahrzunehmen.

Und es ist sehr wahrscheinlich, dass ein Mensch mit der Hinterfragung dieses Glaubenssatzes plötzlich feststellt: „Ein Indianerherz kennt keinen Schmerz!?

Ich möchte, dass es mir gut geht

Daran glaube ich einfach nicht mehr.
Ein Indianer ist ein Mensch und natürlich
spürt er Schmerzen."

Und dann komme ich von dem Indianer zu mir und stelle fest, dass ich auch
Schmerzen empfinde.

Daraufhin wird mir vielleicht bewusst,
wie sehr ich bisher auf die ein oder andere Weise lieblos mit mir selbst umging
und ich stelle fest:
„Ich behandle mich selber schlecht und
das möchte ich nicht mehr. Ich will mich
gut behandeln, das ist mir von jetzt an
ganz wichtig.

Ich möchte, dass es mir gut geht!"

Ja, ich liebe mich!

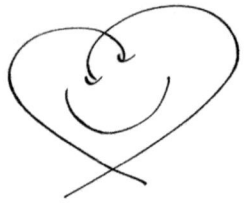

An der Stelle könnte jetzt vielleicht jemand sagen: „Dann bist du ja ein Egoist, wenn du an dich denkst!"

Und ich behaupte: „Nein, so ist das nicht!

Ein Mensch, der sehr achtsam und liebevoll mit sich selbst umgeht, sich und sein Leben wertschätzt, schätzt auch das Leben anderer Lebewesen."

Hat ein Mensch jedoch eine dicke Schutzmauer um sich errichtet, um nicht mehr fühlen zu müssen, wird er mit großer Wahrscheinlichkeit auch anderen Lebewesen Schmerzen zufügen, vielleicht sogar, ohne es selber wahrzunehmen.

Und es geht wirklich darum, die Not zu wenden, indem die Menschen wieder lernen, sich selbst zu fühlen und zu lieben.

Was bereitet mir Freude?

Und so erstaunlich das ist, kaum jemand, der auf der Straße angesprochen und gefragt würde: „Liebst du dich?" würde mit „Ja!" antworten.

Und da sind sie, die Glaubenssätze.
Die Glaubenssätze, die uns weismachen wollen, dass wir so, wie wir sind, nicht richtig sind.
Dass wir nicht gut genug sind, dass wir weder geliebt noch gewertschätzt werden.
Und genau die dürfen wir meiner Meinung nach hinterfragen.

Was kann ich tun, damit es mir gut geht?
Ich kann meinen Kelch füllen, indem ich mich frage: „Was tut mir gut? Was bereitet mir Freude?
Nicht meinem Partner, den Kindern, meiner Mutter, den Nachbarn, sondern was bereitet mir Freude? Was möchte ich gerne tun?"

Was kann ich jetzt tun,
damit es mir jetzt gut geht?

Das kann alles Mögliche sein. Es geht dabei um ganz simple Dinge im Alltag, die oftmals gar kein Geld kosten.

Wenn ich zum Beispiel gerne tanze, jedoch der Meinung bin: „Ja, aber ich habe in der Woche weder Zeit noch Kraft, um abends auch noch einen Tanzkurs zu belegen", kann ich zum Beispiel, wenn die Hausarbeit verrichtet werden möchte, schöne Musik hören und dazu tanzen.

Schon gelingt mir meine Hausarbeit in Leichtigkeit.

Es ist auch eine Möglichkeit, mich immer wieder während des Tages zu fragen: „Was kann ich jetzt tun, damit es mir jetzt gut geht?"

**Mit meinem BewusstSein gebe
ich mir und der Welt viel Gutes**

Und deshalb möchte ich Ihnen, liebe Leserin und lieber Leser, ganz viel Mut machen, sich lieb zu haben, sehr achtsam mit sich selbst umzugehen, in dem Bewusstsein - und jetzt bin ich wieder bei dem Begriff Bewusstsein - dass Sie damit nicht nur sich selbst, sondern Ihren unmittelbaren Nächsten und dem Rest der Welt sehr viel Gutes geben.

Herzlichen Dank und ich wünsche Ihnen leichter und glücklicher mit Ihrem BewusstSein zu leben.

Ihre Kirsten Jebsen

Liebe Leser,

ich wünsche mir, dass meine Inhalte
Ihre Herzen erreichen konnten
und möchte Sie einladen,
auch in meine anderen Bücher und
Seminare hinein zu schauen.

Aus Liebe
In Liebe
Für die Liebe

Kirsten Jebsen
www.kirstenjebsen.de
www.4ps-for-peace.com

Das Schreiben ist mein Herzenswunsch
und wird ergänzt durch meine Arbeit
als Coach und Seminarleiterin
der Bewusstseinsentwicklung.

Bücher und e-Books:

"Am Anfang der Reise zu Dir Selbst", 2003
"Die Kleinschmidts und Victoria", 2006
"Die Kleinschmidts und Struppi", 2006
"Die Kleinschmidts und Victorias Babys", 2009
"Federführungen", 2006
"Spitze Findigkeiten", 2006
"Herzensweisen", 2007
"Danke", 2007
"Das kleine Es", 2007
"Im Reich der Liebe", 2008
"Zwischen den Tasten oder wie das Leben so spielt", 2009
"Wofür brennst Du?", 2009
"Opfer oder Täter - ein Handbuch für alle Fälle", 2011
"Mein Verstand und ich", 2016
"Fülle deinen Kelch", 2016
„Sei doch einfach Liebe", 2016
„BewusstSein", 2017
„HerzensWunsch", 2017
„Unternehmen MenschSein", 2017
„FreiSein", 2017
„ErfolgReich", 2017

Fotobücher:

"Himmel Sinfonien", 2006
"Danke, dass Du den Weg zu mir gefunden hast", 2006
"Seelenklänge", 2006

Notizen